AF260058

LA
CRISE MONÉTAIRE

LETTRE

A

MESSIEURS LES DÉPUTÉS

à l'Assemblée Nationale

PAR

CAMILLE LAFOREST

BANQUIER

SAINT-ÉTIENNE

IMPRIMERIE URBAIN BALAŸ, RUE DES JARDINS

ANGLE DE LA RUE DE LA BOURSE

1871

A Messieurs les Députés

l'Assemblée Nationale

Messieurs les Députés,

Au milieu des préoccupations si vives inspirées par la crise monétaire que nous traversons, j'ai étudié et recherché les moyens d'y remédier en maintenant le crédit national et en sauvegardant les intérêts de tous. [1]

Cette grave question sera certainement une des premières qui sera soumise à votre attention et à vos délibérations; il m'a donc paru opportun de vous soumettre avec toute déférence un projet qui renferme, selon moi, la solution immédiate de ce problème. J'ai été encouragé dans cette démarche par les témoignages et les conseils de nombre de personnes qui partagent à cet égard mes opinions.

Voici mon programme :

I

Formation d'une vaste association de capitaux sous la dénomination de Caisse du Commerce,

____

(1) Voir le *Mémorial de la Loire* des 5, 13 et 19 novembre 1871.

ayant pour but l'émission, sous le protectorat et le contrôle de l'Etat, d'une somme équivalente au capital social, en papier-monnaie de 10, 5, 2 et 1 franc.

II

Ce papier serait émis sous le titre de *Bons du Commerce*, avec toutes les conditions de garantie offertes par le billet de la Banque de France.

III

Cette Association serait formée sous la direction d'une commission spéciale, composée de gens aptes à préparer et à conduire l'affaire sous le contrôle de l'Etat.

IV

Le capital social pourrait être porté à trois cents ou cinq cents millions.

V

Ce capital serait intégralement versé lors de la constitution de la Caisse du Commerce, soit au Trésor directement, soit aux Dépôts et Consignations.

VI

L'Etat servirait un minime intérêt — 2 $^1/_2$ °/o, par exemple, — au capital déposé, et ce faisant, il pourrait, en vertu de lois législatives spéciales, en disposer pour ses besoins.

— On pourrait, par exemple, l'affecter à l'emprunt de *quatre cents millions*, qui sera proposé pour faire face au *budget de liquidation* ; ou bien encore au remboursement d'une partie de la dette du Trésor à la Banque, bien qu'en vertu des traités, Elle ne puisse rien exiger ; mais ce serait là un acte on ne peut plus favorable aux intérêts commerciaux, lésés en ce moment par les restrictions imposées à la Banque pour la protection de sa circulation, dans l'escompte des bordereaux qui lui sont présentés ; et d'ailleurs, il ne manque pas de déficits et d'emplois pour cet objet.

VII

L'Etat retirerait l'autorisation de mettre en circulation du papier-monnaie, accordée par tolérance à des initiatives privées.

VIII

Les bons de la Caisse du Commerce seraient reçus en paiement dans toutes les Caisses publiques, ou seulement comme appoints, si on le préfère, et de même dans tout le commerce.

IX

L'Etat ferait connaître à tous et partout les conditions spéciales d'existence, de circulation, de garantie et d'amortissement de la Caisse du Commerce.

X

La durée de l'Association serait fixée par une loi.

XI

Le capital serait amortissable dans des proportions déterminées également par une loi.

XII

L'Etat employant à son profit ces sommes versées en dépôt, il serait pourvu à leur amortissement par un article spécial, inscrit au budget, et en temps voulu, le Trésor retirerait de la circulation la quantité de papier-monnaie équivalente à la somme fixée.

XIII

Ce remboursement serait fait entre les mains des déposants associés ou de leurs ayants-droit, contre remise du récépissé sur le Trésor, et de la somme de papier-monnaie équivalente au dépôt fait, à l'origine, par les titulaires.

XIV

Aux derniers remboursements, pour prévoir la perdition et la destruction d'un grand nombre de bons, l'Etat resterait en possession, pendant une période de cinq années, des sommes non représentées en papier-monnaie. Il leur servirait alors le taux de la Caisse des Dépôts et Consignations ; mais dès ce jour, les bons de la Caisse du Commerce seraient annulés, après les formalités et mesures voulues pour ne léser aucun intérêt, et à l'expiration de ce délai, le remboursement de ces sommes aurait lieu aux mains de qui de droit.

XVI

Les caisses de l'Etat, dans cette dernière période, détiendraient, à la disposition des porteurs de récépissés du Trésor, les bons restant en circulation qui leur rentreraient, pour qu'ils puissent les échanger contre du numéraire, et éviter ainsi la période de cinq années dont il vient d'être parlé.

C'est là, sommairement, le plan que je propose.

Permettez-moi maintenant, Messieurs, de faire ressortir quelques-uns des avantages de ce projet, comparés à d'autres études de ce genre et aux émissions qui viennent de paraître.

Un homme éminent et faisant autorité en matière de finances [1] a parlé de l'augmentation du capital de la Banque, pour lui permettre d'élever le chiffre de sa circulation. Il a prouvé, avec la brutalité des chiffres, l'insuffisance des moyens d'action actuels de la Banque, paralysés par le crédit de quinze cents millions ouvert au Trésor et à la ville de Paris ; il a démontré par là même le dommage causé aux intérêts commerciaux, qui ne peuvent plus obtenir de la Banque que huit à neuf cents millions, pour les divers chapitres du portefeuille et des avances sur titres ou lingots.

Or, il est certain que c'est là un préjudice très grave, une entrave sérieuse pour les affaires, auxquels ne saurait remédier suffisamment le remboursement prochain de tout ou partie de la dette de la ville de Paris.

Mais on a dit et répété, dans ces derniers temps, que la Banque ne penchait pas vers cette augmentation de son capital; elle a dû donner ses raisons et discuter les objections. Que faire, donc?... Lui accordera-t-on simplement le droit d'élever sa circulation à trois milliards?... ou bien essaiera-t-on de la contraindre ?...

La première de ces mesures serait pire que le remède : la dépréciation du billet de banque grandirait, et conséquemment, la prime du numéraire

(1) M. Henri Germain, député de l'Ain.

reprendrait son cours ascensionnel; — la seconde est une mesure si grave, que je ne la conseillerais que pour la dernière heure, et d'ailleurs, il est bien discutable qu'elle soit opportune à cette heure.

Le même auteur parle de la trop grande quantité de coupures de mille et cinq cents francs mises en circulation; il voudrait qu'on en échangeât une partie contre des coupures divisionnaires de 20, 10 et 5 francs. Mais serait-ce là un palliatif suffisant? Non, car cela n'augmenterait pas la circulation; il n'y aurait qu'une modification, et ce qu'on retirerait sous une forme pour l'émettre sous une autre, ne comblerait pas le vide dont on se plaint.

Or, en employant, par exemple, le capital de la Caisse du Commerce à rembourser la Banque d'une partie des avances qu'elle a faites au Trésor, vous rempliriez le but qu'on se propose; car, en effet, ce serait une augmentation d'autant pour les besoins du commerce; libre alors à la Banque de répandre le montant de ce remboursement en petites coupures. Je crois donc qu'il y a là un avantage réel, palpable.

Un autre[1] a parlé d'un emprunt destiné spécialement à rembourser une partie de cette dette du Trésor à la Banque, pour permettre à cette dernière de favoriser d'autant sa circulation commerciale.

Je viens de vous démontrer que mon projet vous offre cet avantage, sans employer ce moyen spécial, l'EMPRUNT. — Emprunt d'État signifie aujour-

---

[1] M. Jacques Siegfred, du Havre; lettre au *Journal des Débats*.

d'hui pour la France, augmentation dé la dette consolidée; or, voyez quelle augmentation notre dette publique subit en ce moment, par suite de nos malheurs. — Ce sont des milliards qu'il faut ajouter, et rien que pour le service des intérêts, vous êtes obligés de frapper de nouveaux impôts et de les augmenter partout. Et encore, l'équilibre du budget sera-t-il bien établi?...

Evidemment, vous consacrez une somme annuelle à l'amortissement; mais dans quelle proportion?... Et, d'ailleurs, cette somme sera-t-elle bien réalisée?... Il faut encore attendre pour l'affirmer, et ne la porter en ligne de compte que pour mémoire, bien qu'il soit très désirable que le fonctionnement de l'amortissement reprenne sérieusement son cours, et dans des conditions aussi importantes que le comporte le chiffre écrasant de notre dette publique. Qu'il serait bon d'imiter en cela l'exemple des États-Unis!...

Donc, pas d'emprunt spécial pour cet objet; nous en aurons bien assez d'autres que nous ne pourrons éviter! Tout n'est pas fini... Ne nous faut-il pas encore trois milliards et quelques centaines de millions pour solder le vainqueur et le chasser de notre territoire?...

Et puis, ne serez-vous pas obligés d'avoir recours à l'emprunt pour d'autres besoins imprévus?...

Donc, encore une fois, pas d'emprunt spécial.

On a conseillé aussi à la Banque de vendre de l'or pour dérouter l'agiotage. On lui a dit, également, de vendre ses rentes disponibles. Ces moyens sont-ils pratiques et atteindraient-ils le but réel de

la question? Je ne le pense pas. La Banque amoin-
drissant son stock métallique, amoindrit le gage de
sa circulation ; et partant, elle arriverait, dans un
laps de temps donné, à obtenir l'effet contraire.
Si elle vendait ses rentes (comme on l'a prétendu),
soit sur le marché officiel, soit à un groupe de
financiers formés en syndicat, ce serait un préjudice sérieux, une perte sèche importante pour elle ;
ce serait la baisse sur nos fonds d'Etat, au profit
d'une certaine classe de spéculateurs qui compte
peu de rentiers sérieux, disposés à mettre en portefeuille leurs titres de rente pour constituer le pa-
trimoine de famille. Ce serait encore une augmentation de titres flottants sur le marché, dont
on se servirait assurément pour les besoins
des opérations à terme, pour influencer d'autant
mieux l'agiotage de ce marché. Or, il importe que
l'Etat et la Banque évitent de donner prise à ces
tripotages. Puis, le montant de ces rentes suffirait-
il aux besoins? Non, soixante-dix millions seraient
trop peu pour cela. — C'est encore là une ressource
de la dernière heure. Donc, pas de vente d'or, pas
de vente de rentes.

Je vous offre une ressource nouvelle ; dites, si
vous voulez, que c'est un emprunt déguisé ; soit,
mais il ne serait pas consolidé, mais il serait amortissable à courte échéance, et dans des proportions
que vous pourriez concilier, vous-mêmes, avec les
ressources du Trésor.

Comparez maintenant mon programme avec
les émissions du Syndicat de Paris, de la Société
Générale, de l'Association Stéphanoise; etc., etc...

Je vous offre le tout pour remplacer la partie. Je donne de la cohésion à ce qui n'en a pas, et tout cela au bénéfice du Trésor, sans porter préjudice à personne, au contraire.

Je vous offre un capital social immense, dont vous pourrez disposer utilement pour d'impérieux et aussi d'immenses besoins que je vous ai indiqués. Ce capital est engagé pour une période déterminée ; vous ne lui servez qu'un intérêt minime, inférieur à tout ce que vous avez donné jusque-là ; et ce n'est pas trop que d'affirmer que vous ne trouveriez pas à contracter pareil emprunt aujourd'hui, à moins d'un intérêt deux fois plus élevé, au plus bas mot.

Que vous demande-je en compensation ?... Le privilége exclusif de mettre en circulation du papier-monnaie divisionnaire de 10, 5, 2 et 1 franc ; le retrait d'autorisation de tolérance accordée à l'initiative privée.

Y a-t-il avantages publics à adopter mon programme ? Oui, et même de très grands avantages ; vous le comprenez, — et pour n'en signaler qu'un : vous ne détournez rien des transactions ordinaires, tout en vous créant une ressource très grande, puisque vous créez une circulation de papier fiduciaire en échange d'un capital qu'on vous verse et dont vous disposez pour prix de votre protectorat, de votre garantie, de votre contrôle et de l'amortissement que vous garantissez dans les proportions que vous aurez fixées. Qui songerait à se plaindre de cette opération ?... Personne n'est lésé.

Et cet autre avantage, de l'unité de circulation.

Quels inconvénients, en effet, ne se produiront-ils pas avec cette multiplicité d'émissions parues et à paraître? Comment la masse défiante et surtout ignorante fera-t-elle pour s'y reconnaître? A peine saura-t-elle déchiffrer la valeur du papier qu'on lui donnera, comment discernera-t-elle le reste? Quelle source de faux! d'abus! de vols!! Et puis, quelles difficultés pour vulgariser et répandre partout l'usage d'un papier qui menace de se multiplier sous mille formes! Quels avantages offrirait l'unité!...

Dans les villes, la chose passera encore; mais dans nos campagnes, ennemies jurées du papier fiduciaire, comment y parvenir? — Or, remarquez-le bien, c'est là une pierre d'achoppement qu'il s'agit de tourner, car la moindre des choses suffirait pour anéantir d'un seul coup les espérances et les résultats promis. Le souvenir des assignats y est trop vivace. C'est pourquoi je vous propose d'unifier cette circulation, de fixer et de faire connaître toutes les conditions de garantie de mes Bons du Commerce, de leur donner votre protectorat officiel et de vous en porter garants, puisque vous en aurez la représentation en caisse.

La faveur avec laquelle ont été accueillies dans nos grandes villes ces dernières émissions particulières, nous prouve que les besoins sont grands et que ce système peut très bien s'implanter dans nos usages.

Qu'on ne m'objecte pas que ce succès suffit pour rester dans cette voie de décentralisation, car j'affirme que pour généraliser cette mesure par l'initiative privée, c'est chose impossible. Voyez, d'ailleurs, comme le paysan rejette à cette heure toute espèce de papier, même celui de la Banque de France. Il faut le reconnaître, l'ignorance du peuple en matière économique est aujourd'hui absolue, et même dans un certain milieu où l'instruction est plus élevée, on ne peut faire comprendre les premiers éléments de ces principes, encore moins en faire adopter le système. Qu'on ne mette pas non plus en avant l'usage des chèques, tel qu'il se pratique aux Etats-Unis, en Angleterre, en Ecosse, etc.; car cette ignorance, doublée du manque de confiance, nous force à demander encore le protectorat et le contrôle de l'Etat. Il faut bien l'avouer, nous ne sommes pas encore à la hauteur de la science économique moderne. Sur ce point, consultez nos grandes Sociétés financières et voyez l'infériorité relative de leurs comptes de chèques comparés avec les pays voisins.

Utilisez donc, Messieurs, ces éléments nouveaux qui sont avantageux pour tous :

Pour le Trésor, ressource immense à très bas prix ;

Pour les Sociétaires, une prime de 2 $\frac{1}{2}$ % sous forme d'intérêt servi aux fonds de garantie qu'ils vous auront versés;

Pour le public, qui y trouvera ce dont il a besoin, des coupures de 20, 10 et 5 francs, en échange des monnaies d'or et d'argent dont les premiers paiements de l'indemnité nous ont dépossédés ou qui sont cachées dans les campagnes — et c'est là le plus fort stock — ou bien encore détournées des voies ordinaires par l'agiotage, ou enfin employées pour nos besoins commerciaux à l'étranger : achats de céréales, matières premières, etc... Celles-ci, il est vrai, nous reviendront avec la reprise de nos exportations ; mais en attendant, il faut parer à tout.

Y a-t-il dommage pour quelqu'un dans le projet que j'ai l'honneur de vous soumettre ? Non, et tout au contraire, vous offrez un papier-monnaie de première garantie, et supérieur même à celui de la Banque de France. On vous verse cinq cents millions en caisse, en échange de cinq cents millions de papier divisionnaire que l'on met en circulation. La Banque a-t-elle dans ses caisses deux milliards quatre cents millions, représentant la limite de son émission ? Non ; donc mon papier lui sera supérieur.

Créez donc, Messieurs, la Caisse du Commerce ; ce sera un service immense rendu au Pays, et cette œuvre comptera certainement parmi vos meilleures.

Vous arriverez à cette création plus facilement qu'il ne semble, permettez-moi de le dire.

D'abord, l'appât de la prime de 2 $^1/_2$ % l'an fera sortir l'or et l'argent de leurs cachettes ; ce moyen vaudra mieux que la démonétisation que l'on vous proposera peut-être, et vous trouverez là un moyen facile de faire face aux versements prochains de l'indemnité ; bien que le Trésor ait déjà préparé ses réserves, ce concours lui sera nécessaire.

Et puis vous trouverez la haute banque, nos grandes Compagnies de chemins de fer, nos grandes usines, le haut commerce, prêts à entrer dans cette combinaison. La Banque de France elle-même pourra s'y intéresser, car en retirant l'autorisation de tolérance aux particuliers, vous consacrerez son privilége, et en établissant la Caisse du Commerce dans de telles conditions, vous ne l'amoindrirez pas; vous la favoriserez, au contraire, si vous employez le capital de garantie à la rembourser.

C'est une mesure d'utilité publique, d'intérêt souverain dont le pays vous saura gré. Le concours de tous vous est assuré.

J'ai dit qu'une partie de nos ressources métalliques était détournée des voies ordinaires par l'agiotage. Le fait est palpable. Ne pourriez-vous, Messieurs, mettre un veto suspensif sur ce trafic anti-national? — Quoi! sous prétexte de liberté commerciale, il se trouvera des gens qui pourront spéculer sur les bénéfices de semblables exportations! — Nous savons que la Monnaie de Paris frappe chaque jour pour des sommes importantes de lingots, mais nous voyons ces monnaies prendre le chemin de l'Etranger, non pas pour les besoins de notre rançon, mais pour de scandaleux profits. — De grâce, Messieurs, faites cesser ceci; opposez-vous, par des mesures sages et protectrices, à ces exportations de numéraire, qui ne font qu'augmenter la gêne du commerce intérieur; protégez surtout nos monnaies divisionnaires.

Notre situation financière est telle, qu'il ne faut pas négliger aucun des moyens de faire honneur à nos engagements, à nos charges, de préparer la réorganisation de nos forces et de relever notre grandeur.

C'est dans cette pensée, Messieurs, but honora-

ble de vos travaux, que j'ai pris la liberté de vous
soumettre ce travail qui se résume par une circulation fiduciaire offrant des garanties de premier
ordre et des avantages positifs pour tous, sans préjudice pour personne.

Daignez agréer, Messieurs les Députés, l'assurance
du respectueux dévouement

De votre très humble serviteur,

CAMILLE LAFOREST

Banquier à Saint-Etienne (Loire).

***

SAINT-ÉTIENNE, IMPRIMERIE URBAIN BALAY, RUE DES JARDINS, 8

www.ingramcontent.com/pod-product-compliance
Lightning Source LLC
Chambersburg PA
CBHW061559050726
47595CB00009B/3898